中医药文化与健康

第一册

总主编：许二平

本册主编：王　琳

本册执行主编：张晓艳　朱红庆

河南大学出版社
HENAN UNIVERSITY PRESS

·郑州·

图书在版编目（CIP）数据

中医药文化与健康. 第一册 / 许二平主编. -- 郑州：河南大学出版社, 2022.8
ISBN 978-7-5649-5302-7

Ⅰ.①中… Ⅱ.①许… Ⅲ.①中国医药学－文化－普及读物 Ⅳ.①R2-05

中国版本图书馆CIP数据核字（2022）第156443号

策划编辑	程新晓		
责任编辑	马元珍	责任校对	席 兵
责任印制	陈建恩	封面设计	李雪莹

出 版	河南大学出版社		
	地址：郑州市郑东新区商务外环中华大厦2401号		邮编：450046
	电话：0371-22864493（基础教育与学前教育分公司）		网址：hupress.henu.edu.cn
排 版	河南君策广告设计有限公司		
印 刷	河南美轩印务有限公司		
版 次	2022年8月第1版	印 次	2022年8月第1次印刷
开 本	787 mm×1092 mm 1/16	印 张	5
字 数	63千字	定 价	20.00元

（本书如有印装质量问题，请与当地销售部门联系调换。本书在编写过程中，参考引用了一些资料，取得了原作者的大力支持，在此谨表感谢，但因一些作者的地址不详，我们无法取得联系。敬请各位作者与我们联系，以便做出妥善处理。）

编委会

总 主 编　许二平

主　　审　许敬生　韦大文

执行主编　王　琳　许敬生　徐江雁　贾成祥　李成文
　　　　　苗明三　李东阳

编　　委（按姓氏笔画为序）
　　　　　王　琳　王　辉　王剑锋　韦大文　方晓艳
　　　　　尹笑丹　朱红庆　刘文礼　许二平　许敬生
　　　　　李东阳　李成文　李青雅　张　楠　张晓艳
　　　　　张婷婷　苗明三　范　敬　赵迪克　赵培源
　　　　　胡研萍　贾成祥　徐江雁　常征辉　彭　新

第一单元　有趣的中医故事　　　01

第一课　　杏林春暖　　　　　　02

第二课　　橘井泉香　　　　　　06

第三课　　病入膏肓　　　　　　10

第四课　　悬壶济世　　　　　　14

第二单元　初识中药　　　　　19

第五课　　有趣的中药名　　　　20

第六课　　五颜六色的中药　　　26

第七课　　味道不同的中药　　　30

第八课　　形态不同的中药　　　34

第三单元　民俗中的中医药 ———— 39

第九课　　正月饮屠苏酒 ———— 40

第十课　　春游祓禊上巳节 ———— 43

第十一课　端午节佩香包 ———— 48

第十二课　重阳登高插茱萸 ———— 52

第四单元　汉字中的中医药 ———— 55

第十三课　龙骨 医 ———— 56

第十四课　疾 病 ———— 61

第十五课　蛊 浴 ———— 65

第十六课　齿 龋 ———— 69

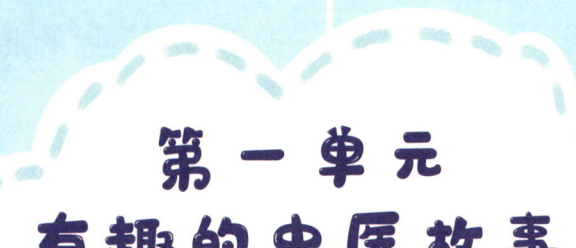

第一单元
有趣的中医故事

第一课 杏林春暖

中华传统文化源远流长,是中华民族精神的体现,这其中包括许多优秀的文化瑰宝,中医药是我国独具特色的医疗资源,也是中华传统文化的重要组成部分。它植根于中华传统文化的沃土当中,蕴含着丰富多彩、生动活泼的传统文化知识,彰显着中国传统文化的趣味与魅力。

相传，三国时期吴国有一个名叫董奉的人，是一位医术非常高明的医生。他不仅医术高明，而且不求名利，乐善好施，给人看病从来都不收取钱财。如果治愈一个病情较轻的病人，只要求病人栽种一棵杏树；如果治愈一个病情较重的病人，就栽种五棵杏树。久而久之，病人栽种的杏树逐渐形成了一片杏林。每当杏子成熟的季节，来买杏的人也不需要付钱，只需要拿一些粮食放在仓中，就可以自己去林中摘杏。于是，董奉每年用杏换来的粮食堆满了仓库，他又拿这些粮食救济了无数穷人。为了感激董奉的德行，人们就用"杏林春暖"来称颂他高尚的医德和济世救人的情怀。

后来，医家也每每喜欢以"杏林中人"自居，"杏林春暖"演变成一个汉语成语，意思是杏林春意盎然，用来赞扬医生医术高明且医德高尚，而"杏林"也逐渐成了中医药行业的代名词。

生活中的中医小妙招

同学们，中药里有很多药材不仅是可以用来治病的药物，还是可以食用的蔬菜或者水果，这些药物又被称为"药食同源"。比如杏仁是很多人都喜欢吃的一种坚果，它不仅味美，而且营养价值较

高。但是你知道吗？杏仁还是治疗咳嗽的一味常用中药，它具有润肺、止咳化痰的功效。在服用药物的同时，我们可以选用杏仁25克，稍后捣碎备用，大米50克加水熬成粥，粥熟后放入捣碎的杏仁，可以起到辅助治疗的作用，对于感冒等引起的咳嗽有很好的润肺止咳功效。

 **思考能力我最强**

成语是中华民族语言宝库中的艺术珍品,虽然形式简洁,却形象生动并富于表现力,常常寥寥数字便能说明一个寓意深刻的道理。从成语典故中研究中医药文化,不仅能帮助大家加深对成语典故的理解,而且能学习和了解中医药文化知识。所以,亲爱的同学们,请大家动动脑筋想一想,列举出来5个与中医药相关的成语,比一比谁找得多。

 **动手能力我最棒**

我国很多行业在漫长的发展过程中,有许多有趣的代称,并且在民间广为流传。下面列举了几个常见的行业代称,请同学们想一想,动手连一连,看看你能连对多少?

梨园	中医
杏林	学校
槐市	绘画
丹青	戏剧

第二课 橘井泉香

古代许多诗人在创作古诗词的过程中,不仅将许多中医药文化融入到了诗词佳句中,而且还具有"不为良相救国,便作良医救民"的家国情怀和济世救人的理念,使古诗词的意境与中医药知识,相得益彰。比如"橘井汲后绿,杏林种时红。此橘复何忧?年年领春风"。同学们,你知道这首诗里蕴含了哪些中医药故事吗?

相传汉文帝时，荆州桂阳郡有位高士，名叫苏耽，他的医术精湛，远近闻名，而且他乐善好施，为人治病不收取任何报酬，所以被人们称为"苏仙公"。有一次，苏耽有事外出，需要三年才能回来。他离家时对母亲说："明年将会有瘟疫流行，家中后院的橘树及井水可以救急。患者如果恶寒发热，胸膈痞满，可用井水一升，橘叶一片煎服，治愈后勿收钱物。"后来的情况果然如苏耽所言，天下瘟疫大行，苏母按其所述方法治愈了很多患者。从此，橘叶可以入药治疗疾病便流传开来，这便是"橘井泉香"的由来。后来人们便以"橘井泉香"来称颂医家医术高超，药材精良。有的医家则以"橘井"来命名其医学著作，以彰显其论著的精真。而且不少中药店铺，也以"橘井""橘杏"来命名。

生活中的中医小妙招

橘不仅营养丰富,色、香、味俱佳,而且还有很高的食用和药用价值,为药食同源食物。民间有"橘子黄、医者藏""橘子上了市,药铺无生意"之说,说明了橘子显著

的药用功效。比如同学们吃橘子时扔掉的橘皮,又称为"陈皮",是一味具有止咳化痰作用的中药,而且新鲜的橘皮只有收藏了3年以上才能称为"陈皮"。晕车的人,可以利用新鲜的橘子皮,挤压出其中的汁水喷雾并吸入鼻孔,从而有效地缓解晕车症状。

 ## 思考能力我最强

中药材里有很多的植物药，有的是取植物的叶，有的是取植物的花，还有的是取植物的果实，也有的是取植物的根。而橘树全身都是宝，其中橘叶、橘花、橘皮、橘核、橘实都可以入药。同学们，利用你们已经了解的植物和中医药知识，想一想还有哪些像橘树一样入药的植物？

 ## 动手能力我最棒

同学们，母亲节就要到了，试着用橘子皮做一碗橘皮粥给亲爱的妈妈尝尝吧！先将橘皮表面洗干净，然后切丝或者切丁，待米煮约30分钟后放入切好的橘皮，这样有着淡淡香味的橘皮粥就做好啦！

第三课 病入膏肓

典故是诗文中引用的古书中的故事或者词句，它包括了丰富的历史文化内涵，是中华民族优秀传统文化的一部分。典故多具有一定的故事性和隐喻性，且言简义丰，中医药文化中就有许多脍炙人口的典故。

相传，晋国的君主晋景公得了重病，他听说秦国有位高明的医生缓，便派人到秦国去求医。在医生到来之前，晋景公做了个梦，他梦见他的病变成了两个小孩儿，其中一个说："那个高明的医生马上就要来了，他恐怕会抓住我们，我们能往哪里逃呢？"另一个回答说："这没什么可怕的，我们躲到心的下面、膈的上面，叫'膏肓'的那个地方去吧，无论他怎么用药都抓不到我们。"医缓到了晋国，给晋景公诊病后为难地说："这病已经没有办法治了，病在膏之下，肓之上，药物是无法到达那里去发挥药效的。"晋景公听后虽然很难过，但对医缓的高超医术仍然十分佩服，于是就派人把他送回去了。自此，"病入膏肓"就用来指代疾病到了无法医治的地步，或事态严重到无法挽救的地步。

 ## 生活中的中医小妙招

位于背部的膏肓穴是一个非常重要的保健穴位，具有强身保健、预防疾病的作用。当读书写作业的时间过久的时候，可以起立并站直，同时弯曲肘部，依次向前、向后转摇肩关节，这样可带动肩胛骨上下旋转，以运动背部的膏肓穴，从而缓解肩颈部疲劳。赶快把这个小秘密告诉你的爸爸妈妈吧！

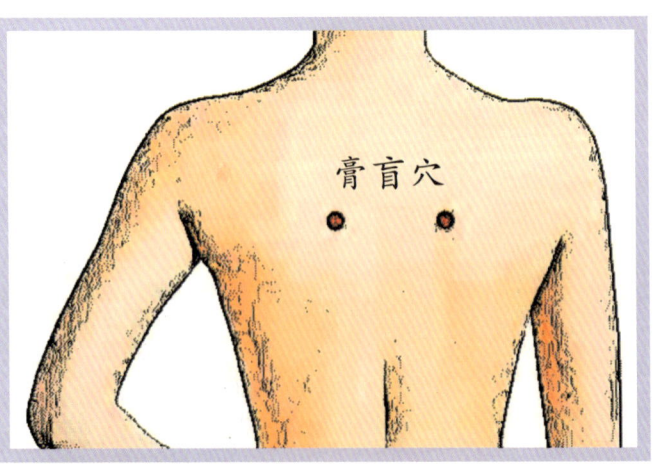

 **思考能力我最强**

了解典故和运用典故是学习中医药文化知识的一种重要途径。医学典故中有很多有趣且深刻的医学知识。同学们，大家可以举办一场中医典故知识竞赛，以了解更多的中医药文化知识。

 **动手能力我最棒**

病入膏肓不仅用来形容病情非常严重，还比喻事情已经到了不可挽回的地步，请写出它的三个近义词。

第四课 悬壶济世

2020年春节，一场突如其来的新冠肺炎疫情给我们的健康和生活都带来了巨大影响。在这场疫情中，是医护人员将自己的安危抛在脑后，坚持奋战在抗疫一线，最终守护了人民的健康。在中医药的发展历史上，也记载了许多广为流传的救死扶伤的故事和为人称颂的医生。

东汉时期，有个叫费长房的人想学医，但是苦于没有好的老师指导。有一天，他在街上见到一位挂着葫芦的卖药老翁，凡是吃过他的药的病人，都是药到病除。费长房看了以后，他就想拜老翁为师。于是他就悄悄地跟在老翁身后，结果看见老翁跳进一家酒店墙上挂的葫芦内，他心想这老翁绝不是等闲之人，更坚定了拜师的决心。于是，他便在酒店挂葫芦的地方备好一桌上等的酒席，恭候老翁出来。没多久，老翁便从葫芦内跳出来，费长房立即磕头跪拜，认师求教。老翁见费长房诚心求学，便收他为徒，将自己的医术传授于他，后来费长房便成了当时的一代名医。为了纪念老翁，他在行医时总是将葫芦背在身上。从此以后，郎中行医，便用葫芦当招牌，以表示医术高超，人们也因此把葫芦当作名医和神药的标记。

 **生活中的中医小妙招**

葫芦是生活中常见的植物，生命力极其旺盛，药食兼用，葫芦的蔓、须、叶、花、子、壳都是可以入药服用的，具有利水消肿的功效。将葫芦煮水代茶饮，有助于利水消肿，治疗水肿病。

 **思考能力我最强**

同学们，你们去过职业体验馆吗？你最喜欢什么职业？长大后有没有想过成为一名救死扶伤的医生呢？请说出你的理由吧！

 动手能力我最棒

学校举行了一场猜谜语大赛，小明抽到的谜语是：青青蛇儿满地爬，蛇儿遍身开白花，瓜儿长长茸毛生，老君装药要用它。请你和他一起猜一猜，谜底是什么？(打一植物)

第二单元
初识中药

第五课 有趣的中药名

同学们，我们每个人都有属于自己的名字，它是人们彼此相区别相联系的一个记号，同时也寄托了爸爸妈妈对你们的美好祝愿和期望。而中药的名称大多数都有一定的来历和意义。由于中药来源广泛，品种繁多，其名称也较为复杂。为了便于辨识和利用，自古以来形成了许多命名的方法。

中药的命名大多有规律可循，一般是根据药物的形态、气味、颜色、采摘季节、产地、功效、药用部位等特征，单独或综合来命名。

由于中药的入药部位有花、叶、根、茎、果实等的不同，所以药物的最佳采收季节也有区别。因此，中药里有许多根据采收季节来命名的药物，如早春开花的迎春花，仲夏成熟的半夏，夏至成熟的夏枯草，以夏至前后采收为好的冬虫夏草，冬季采挖的款冬花，四季常青的四季青，经霜采收的冬桑叶，经冬不凋的忍冬藤等。

迎春花

半夏

冬虫夏草

夏枯草

款冬花

四季青

冬桑叶

忍冬藤

中医药文化与健康

第二单元 初识中药

有的中药名还包含气象名词，根据气象来命名，如风茄子、雨伞草、雷公藤、云茯苓和冰片等。

风茄子　　雨伞草　　雷公藤　　冰片　　云茯苓

由于药材生长的地理环境有山川湖海的不同，所以据此来命名的药物也有很多，如生长在山坡或山脚下的山药，漂浮在水面的浮萍，附生于稍干岩石上的石韦，生长在田野路旁的地肤子，喜欢定居河边的河百草。此外，还有生长于海洋并有"海底神木"称号的海柳树，生于浅水带，在沼泽也能见到的泽泻。

山药　　　　　　　　　浮萍

我国地大物博，面积辽阔，故而有许多以地理方位来命名的中药，如东白芍、西河柳、南五味子、北沙参、中灵草。

 生活中的中医小妙招

俗话说："药补不如食补。"药膳是中医药传统文化的宝贵遗产，也是一种特殊的治疗方法，兼具药用价值和营养价值，且易于服用，具有养生保健、防病治病的作用，在民间广为流传。例如，脾胃虚弱、消化功能弱的人，可以将山药去皮洗净，切成小块，与米一起煮粥，具有健脾胃、助消化的功效。

 思考能力我最强

有些中药在某一地域产出的药物品质和疗效都远优于其他地区，且知名度高，所以形成了中药中的"道地药材"。"道地药材"通常采用"产地+药名"的方式命名，如川贝母、云三七、广藿香等。河南省地处中原，是悠久中药文化的发源地之一，

也是传统的中药材生产大省,有许多为人称道的道地药材,你知道都有哪些吗?请把它写下来并配上图片。

动手能力我最棒

　　覆栏纤弱绿条长,带雪冲寒拆嫩黄。
　　迎得春来非自足,百花千卉任芬芳。
　　这首《迎春》生动地描绘了一幅春寒料峭时节,迎春花独自盛开的景象。同学们,带上画笔和你们发现美的眼睛,画一幅迎春花吧!

第六课 五颜六色的中药

我们生活在一个多彩的世界，一年四季，各不相同。春天是明媚的姹紫嫣红，夏天是炽烈的绿树成荫，秋天是丰收的遍地金黄，而冬天则是静谧的银装素裹。正所谓："赤橙黄绿青蓝紫，谁持彩练当空舞？"下面让我们一起来领略一下中药的颜色之美吧！

中药多为原料生药，具有各种天然颜色，许多中药因此而得名。如红花、红藤，因其色如赤，故药名前冠以红字。

又如绿萼、青皮、青黛，因其色如青，而以青得名。紫草入药部位是根，因其根肥厚呈暗红紫色而得名，又称为地血、紫丹，都是因其颜色而命名。白头翁因其近根部长有白茸，形似一位白头的老翁而得名。大黄入药部位也是根，因其形大，其色黄而得名。黑木耳因其腹面乌黑有光泽，背面暗灰色而得名。它不仅是一味具有清肺养阴功效的中药，还是一道营养价值极高的佳肴，深受人们的喜爱。

红花

红藤

青黛

紫草

青皮

白头翁

绿萼

大黄

黑木耳

 **生活中的中医小妙招**

有许多药用价值与观赏价值兼具的中药，如凤仙花、迎春花、连翘、玉兰花、玫瑰花等。凤仙花因为花色、品种丰富，是美化花坛的常用植物。由于它本身含有天然的红棕色素，所以自古以来就有用凤仙花汁染指甲、头发的习惯，其不仅有美容的功效，还可以治疗灰指甲，故俗称"指甲花"。今年凤仙花开的时候，摘一些凤仙花，加点明矾捣碎，做一次天然美甲吧！

凤仙花

 思考能力我最强

五颜六色的中药呈现的是一种自然之美，不仅让人赏心悦目，而且它们的颜色还和药物的功效密切相关。比如说白色的药物，常用于治疗肺部的疾病，如杏仁、川贝等；黄色的药物，常用于治疗脾胃的病变，如生姜、黄连等。请你想一想，黑色的药物具有什么功效呢？

 动手能力我最棒

冬天的时候，长期在户外工作的人，因为保暖不足常会在手、脚等部位出现冻疮，不仅瘙痒难忍，还有肿胀感或疼痛感，严重者甚至皮肤开裂、化脓。此时可以用紫草50克，香油250毫升，制成紫草油，涂于患处。同学们，试着自己动手做一瓶紫草油，送给我们身边的交警叔叔、环卫工人等守护我们的人吧！

第七课 味道不同的中药

在你的印象里，什么东西很苦呀，哦，是药吗？对，药是挺苦的，可是除了苦苦的味道，药还有其他什么味道吗？你是不是特别想知道呀？好的，请跟我来！

大家听说过神农尝百草的故事吗？传说上古的时候，五谷和杂草长在一起，药物和百花开在一起，黎民百姓根本分不清，主要靠打猎为生。后来猎物越来越少，老百姓不敢乱吃就只能饿肚子，神农看在眼里，决定替老百姓试试，他尝尽了百草，为黎民百姓找到了充饥的五谷和草药，哪些草是苦的，哪些是热的，哪些是凉的，哪些能充饥，哪些能医病，都写得清清楚楚。所以就有了中药的五味，即药物的酸、苦、甘、辛、咸五种不同的味道，是药物真实滋味与功效相结合的综合归纳。

比如同学们爱吃的冰糖葫芦，它主要是由山楂做成的，山楂属于酸味药，具有消食开胃的功效。黄连呢，有句歇后语是"哑巴吃黄连，有苦说不出"，是一味非常苦的中药，但是却有很好的清火泄热的功效。可能同学们都爱吃甜食，中药里面也有许多甜味的药物，比如有药中"国老"之称的甘草，有解毒的作用。辣蓼草气味辛辣，具有清热解毒的功效。海产品中有许多都是咸味的，比如海带，不仅是烹饪时的常用食材，还具有软坚散结作用的中药。

黄连–苦

山楂–酸

甘草–甜

辣蓼草–辛

海带–咸

 生活中的中医小妙招

同学们，遇到美食的时候你能控制住自己的食欲吗？可能很多人都有因为贪吃而导致食积的时候。今天我来告诉大家一个可以消食积的好方法，即利用山楂来帮助消化，既可以直接吃山楂，还可以煮山楂水，或者食用山楂做成的山楂条等。

 思考能力我最强

你知道吗，中药的味道除了酸、苦、甘、辛、咸味，还有麻、香、腥、臭味的。比如花椒、丁香，麻且香，是厨房里妈妈做饭时常用的调味料。还有鱼腥草，因为有一种特殊的腥味而得名。阿魏味道也较难闻，有强烈的蒜臭味。你还知道哪些有特殊味道的中药呢？

花椒　丁香　鱼腥草　阿魏

动手能力我最棒

同学们，夏天来了，很多人喜欢喝一些酸甜的饮料来解暑降温。其中，酸梅汤酸甜可口，是老少皆宜的夏季饮料之一。其实它的配方里有许多有味道的中药，如酸味的乌梅、山楂，辛味的陈皮和桂花，甘甜的冰糖，加水共同熬制即成酸梅汤。在炎热的夏天，试着做一杯酸梅汤和爸爸妈妈一起品尝一下，体验夏天里的凉爽吧！

第八课 形态不同的中药

中药种类繁多,来源广泛,既有植物药,还有动物药、矿物药及部分化学生物制品类药物。由于中药又以植物药居多,故有"诸药以草为本"的说法。其中,植物入药的部位也各不相同,有枝、叶、根、茎、果实、全草等。由于药物来源不同,入药部位有别,药物的功效也有很大的不同。

不同种类和形态的药物,组成了中药大家族。由于药物的来源不同,它们的临床疗效也有很大的区别。比如桑枝,它是桑树的干燥嫩枝,就像我们人体的四肢一样,所以多用于治疗四肢关节的疾病;银杏叶多采摘于秋季,其质地比较轻,根据这个特点我们常常用它来治疗一些肺部疾病。地黄入药的部位是根,因为它深入土壤,所以多用于治疗在人体下部的疾病。荷花、辛夷花入药的部位都是花,因为质地较轻,所以都具有宣散的特点，能祛风散寒。菟丝子则是以果实入药，中药里有"凡子皆降"的说法，所以和以根入药的地黄一样，菟丝子多用于治疗人体下部的疾病。这些药物主要反映了植物类药物的形态与功效的关系。

桑枝　银杏叶　地黄　荷花　辛夷花

此外，中药里还有许多动物药，比如在夏天的时候很多同学都见过的蝉蜕，它也是一味中药。还有些矿物类药物也扮演了非常重要的角色，比如石膏、芒硝等。

蝉蜕　石膏　芒硝

 生活中的中医小妙招

夏季时节，不仅气候炎热，而且由于雨水较多，往往有许多连续的闷热天气，会引起许多人中暑。夏天也是荷花盛开的季节，在许多地方都有赏荷、观荷的活动。其实荷花不仅让人赏心悦目，具有出淤泥而不染的品质，而且还有解暑祛湿的功效呢！可以将新鲜的荷花洗净，放入壶中，用开水泡5分钟，这样荷花茶就做好啦！

 思考能力我最强

中药的作用和功效不仅与它的气味、颜色有关，还和形态有密切的联系。经常会听到有人说"吃什么补什么"，比如吃核桃补脑，而核桃仁也确实具有健脑安神的作用。黑豆补肾，黑豆形状与

肾的形态也非常像。你知道这些体现的是中医药的什么特点吗？

 **动手能力我最棒**

夏天最解暑的水果是什么？没错，是西瓜。西瓜的果实和果皮都有很好的清热解暑的功效，而且都可以食用。另外，还可以和芒硝一起做成西瓜霜，它可是治疗口疮和口腔溃疡的良药呢！立秋后，取一新鲜的西瓜，从瓜蒂处切一厚片，挖去瓜肉并放入芒硝，盖上顶盖，用竹签钉牢固定，再用牛皮纸将西瓜包裹好后悬挂于阴凉通风处风干，大约10天后，瓜皮外面会不断渗出白色的粉霜，这样西瓜霜就做好啦！

第三单元
民俗中的中医药

第九课 正月饮屠苏酒

春节是我国的传统节日，是一年中最隆重、最热闹的节日，也是阖家团圆的节日。对于很多人来说，春节已经不仅仅是一个节日，更是一种情感释放的载体。为了迎接和庆贺春节，千百年来形成了许多传统风俗习惯，如贴春联、守岁、放鞭炮、拜年等。同学们，你们知道吗，过春节还有饮屠苏酒迎春、祈求平安的习俗。

关于屠苏酒的起源说法不一。其中一种说法认为屠苏是一间茅草屋的名称。据说古时住在此草庵的一个名医，每到大年夜便分送给附近的每家一包草药，嘱咐他们放在布袋里缝好，投在井里，到元旦那天汲取井水，和着酒杯里的酒，每人各饮一杯，这样一年中就不会得瘟疫。人们得了这个药方，却不知道这位神医的姓名，就只好用屠苏这个草庵的名称来命名这种药酒。

还有一种说法认为屠苏酒是东汉时期的名医华佗创

制的，如明代李时珍在他的《本草纲目》中记载："屠苏酒……此华佗方也。"主要是因为当时瘟疫横行，而且冬季尤为多见，所以华佗研制了屠苏酒来缓解疫情，后来逐渐演变为在新春饮屠苏酒的习惯。

而且古人饮屠苏酒多是在正月初一，按年龄从小到大，依次适量饮用，据说是按《礼记》"双亲服药子先尝"的习俗而来的。总之，饮屠苏酒，实际上反映了我国古代劳动人民预防疫病，希望在新年里平安健康的美好愿望。

生活中的中医小妙招

酒作为一种特殊的文化形式，在传统的中国文化中有其独特的地位。作为一种饮品，在生活中除了可以饮用，还具有一定的养生保健作用。比如在洗脚水中加一点白酒泡脚，不仅能减轻脚部异味，还能促进脚底血液循环，缓解疲劳。

 **思考能力我最强**

中华民族有许多传统节日,在迎接庆贺传统节日的同时,往往有许多特殊的习俗,这是古代劳动人民庆贺节日的表现形式,其中有的还包含中医药健康养生知识。我们应该如何结合中医药知识做好传统节日文化的传承和弘扬呢?

 **动手能力我最棒**

古诗词中记录了许多传统的文化习俗,北宋诗人王安石在《元日》中写道:"爆竹声中一岁除,春风送暖入屠苏。千门万户曈曈日,总把新桃换旧符。"这首诗生动地描述了春节热闹欢乐的景象,你知道这首诗中提到了几个春节习俗吗?你还能想到几首与屠苏酒有关的诗句呢?

第十课 春游祓禊(fú xì) 上巳(sì)节

"几处早莺争暖树，谁家新燕啄春泥。"春天来了，万物复苏。明媚的阳光下，和煦的风儿轻抚着我们的脸庞，桃花、樱花、海棠、杜鹃，到处都是花的海洋！踏青去，春游去！同学们，你们是不是有点等不及了，恨不得马上就要出发呀？哦，对了，我要告诉你，我们国家历史上有一个特别美好的春游节日，它的名字叫"上巳节"，起源于中原河南，人们在这一天，采兰、赏花、沐浴、嬉游、曲水流觞，非常有趣。今天，我们就一起去追寻领略它吧！

上巳节，俗称三月三，是中国民间传统节日，也称"春游日""春浴日""女儿节""祓禊日"。

"祓禊衅(xìn)浴"是上巳节最重要的内容，是春季驱邪祛瘟的卫生保健古俗。祓，"除"的意思；禊，"洁"的意思。衅浴，即涂抹或熏染芳香的草药沐浴洁身。

春天是一年之始，百花欣荣，万物兴盛，但是，那些幽虫毒疫也从冬眠中复苏，蠢蠢欲动，开始肆虐人间。另外"春天脸，孩儿面，一日三变翻书快"，气温忽冷忽热，"百草发芽，百病发作"，所以它还是最容易染病的时节。因此人们在风和日丽的"巳日"结伴到水滨河泽沐浴，举行洗除污垢、除灾去凶的"祓禊"风俗仪式。用香气袭人的兰草（泽兰、佩兰、石菖蒲）和桃花柳枝，洗涤一个冬天累积的尘垢污秽，洁身净体，预防和抵抗春天流行的疾病和时疫，减少病害的侵扰，祈福健康、顺意吉祥。

泽兰　　　　　　佩兰　　　　　　石菖蒲

"三春戴荠花，桃李羞繁华。"上巳节这天，人们还互赠芳香的药草，并把荠菜花铺在灶上和床上，用来驱除虫蚁，将荠菜花戴在头上，用来预防头痛头晕。

生活中的中医小妙招

一年之计在于春。春天，阳气生发，万物生机勃勃。你们看，粗壮的幼苗，开出最艳丽的花朵，将来才能结出硕大的果实。人体也是这样，春天采纳自然之气来养足阳气，四季才能健康。现在就告诉你一个养阳的小妙招"载歌载舞"。中医认为"春生夏长，阳气发泄，歌咏舞蹈亦养阳之道也"。同学们，请你们尽情地歌唱，尽情地舞蹈吧！

思考能力我最强

你听过"王安石智辨中峡水"的故事吗？

中医对煎药用水十分重视。比如井花水、泉水、东流水、雪霜水、甘露水、浆水、酒水、甘澜水、上池之水等。民谚语"寒露雨，偷稻鬼"，说的是小满时节的天水有毒，能腐食物而坏豆麦，饮之则损脾胃；还有寒露水亦坏禾稻，饮之致疾。所以中医对水有新鲜、流动、清洁、味甘的讲究。

甘澜水是把水放在盆内，用瓢将水扬起来、倒下去，反复多次，直到水面上有无数水珠滚来滚去时，便可用来煎药。

请大家想一想甘澜水的益处是什么？再探究一下什么是"上池之水"。

 **动手能力我最棒**

"三月三，荠菜当灵丹""春食荠菜赛仙丹"。春天的荠菜不仅鲜嫩可口，而且它的根、花、籽均能入药，中医把它誉为"菜中甘草"，其味甘、性凉，有治疗胃病、出血、水肿、头痛、眼目干涩、视物不清的功效。因荠菜的谐音是"聚财"，民间相传于三月初三这一天吃上一碗荠菜煮鸡蛋，既可清凉解毒，去肝火、明目，又可健胃，增加抵抗力，防治春季传染病，说不定还能交发

财运呢。

　　同学们,今天是古老的"三月三"上巳节,快做一碗荠菜煮鸡蛋和爸爸妈妈一起来品尝吧!

荠菜

荠菜花

荠菜煮鸡蛋

上巳赏花

　　方法:先把新鲜的鸡蛋煮熟,用筷子敲一个裂缝。然后在锅底放入一些荠菜,放上裂纹的鸡蛋,再铺一层荠菜,放入几颗大枣,加适量的水煮开后就可以食用了。

第十一课 端午节佩香包

端午节，又称端阳节、重五节等，俗称五月节，是我们国家的传统文化节日，有着悠远的历史和丰富的民俗活动。如诗中，艾草插门避害虫，鲜竹大枣粽香浓。顽童撞卵争高下，姐妹纷纷系彩绳。室内除尘清院落，男丁奋勇向岸行。忽听鼓点江边响，轻舟似箭竞头名。正是这些习俗一代代流传至今，才形成了我们现在独特的端午节文化。2009年，联合国教科文组织将中国端午节列入世界非物质文化遗产，端午节也成为我国首个入选世界非物质文化遗产的传统节日。

端午节，即农历的五月初五，俗称"毒月"，古人有云："端午节，五毒出。"就是说这个时候天气逐渐炎热，各种各样的害虫繁殖较快，蚊虫、蛇、蚁、蝎子、蜈蚣等毒虫也开始出现，而且细菌、病毒也增多。

人体在这个时期的免疫力也降低，故容易形成疫病的流行。所以为了驱虫祛病，古人就形成了佩戴香包的习惯。香包中主要是朱砂、雄黄、菖蒲、白芷等芳香的药物，不仅气味芳香，还有防蚊虫、醒神开窍的作用。而香包内外则包以丝布，再以五色丝线弦扣成索，造型多样，有粽子、葫芦、老虎等形状，多是取避邪祛瘟的意思。加之色彩艳丽，玲珑夺目，既有驱虫祛瘟之效，还有装饰作用，又可以作为礼物馈赠亲朋好友，活跃节日气氛。

端午香包

艾草

现代医学研究证明这些药物之所以有芳香气味，是由于其含有大量挥发油，这些挥发油具有抗菌、抗病毒等作用。不仅可以预防感冒、增强呼吸道功能，还对防蚊驱虫有一定作用。

 **生活中的中医小妙招**

端午节时，中原地区有采艾叶，在门头悬挂艾叶以避毒气的习俗。艾叶不仅可以内服，还可以外用，俗语有"家有三年艾，郎中不用来"的说法。将艾叶晒干煮水沐浴，不仅可以预防蚊虫叮咬，而且对湿疹等皮肤病也有较好的治疗作用。

 **思考能力我最强**

中医药文化的形成不仅反映了古代劳动人民防病治病的智慧,也广泛应用在生活之中,形成了许多民间习俗。每年端午,除了戴香包、挂艾叶,还有饮雄黄酒、吃粽子等习俗,这些饮食习俗其实蕴含了丰富的中医药饮食养生文化知识。同学们,你知道它们是什么吗?

 **动手能力我最棒**

夏天来了,蚊子发出的"嗡嗡"声扰人睡眠,被蚊子叮咬后的瘙痒感让人难受,更麻烦的是,经蚊子传播的疾病也有不少。因此,防蚊一定要重视起来。防蚊虫在生活中有很多方法,今年就让我们动手为自己做个防蚊包吧!

第十二课 重阳登高插茱萸

重阳节是我国重要的传统节日,又有重九节、老人节、菊花节、登高节、茱萸节、九月九等诸多别称。"独在异乡为异客,每逢佳节倍思亲。遥知兄弟登高处,遍插茱萸少一人。"王维的《九月九日忆山东兄弟》就描绘了重阳节传统的登高、插茱萸的习俗。

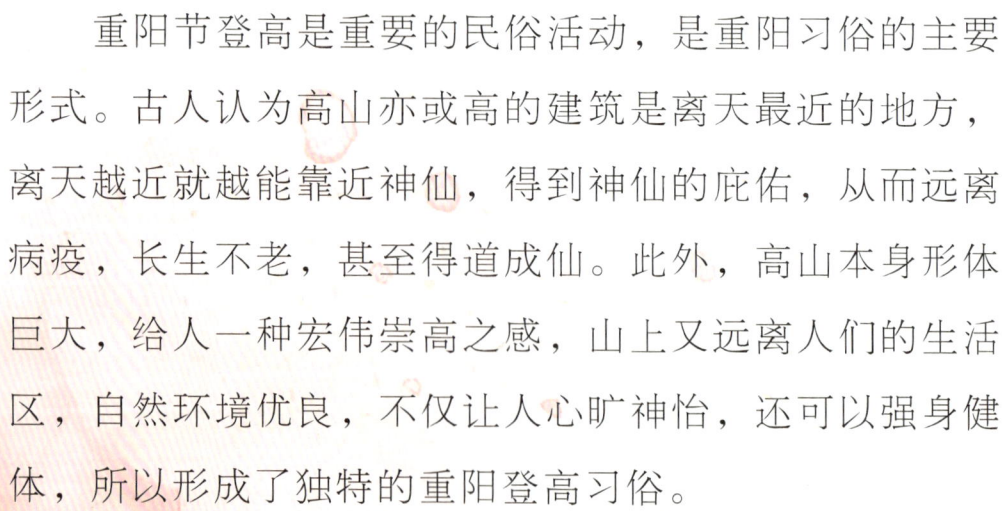

重阳节登高是重要的民俗活动,是重阳习俗的主要形式。古人认为高山亦或高的建筑是离天最近的地方,离天越近就越能靠近神仙,得到神仙的庇佑,从而远离病疫,长生不老,甚至得道成仙。此外,高山本身形体巨大,给人一种宏伟崇高之感,山上又远离人们的生活区,自然环境优良,不仅让人心旷神怡,还可以强身健体,所以形成了独特的重阳登高习俗。

茱萸,雅号"辟邪翁",和菊花一样,是重阳的经典符号。重阳节前后,天气转凉、干燥,处于季节交替时期,是各类换季疫病高发的时期。茱萸有比较高的药用价值，其香味浓厚，具有明目、醒脑、祛火、驱虫、去湿、逐风邪的作用，古人借用茱萸浓郁的香气及药理作用驱除厄运，体现了古人追求健康的愿望。

茱萸

 **生活中的中医小妙招**

重阳节后，秋意渐浓，这个时期不仅早晚温差加大，而且气候干燥，是呼吸道疾病的多发季节。经常会感觉鼻子干、咽干、皮肤干燥，这些都是秋燥的常见临床表现。可以用梨煮水代茶饮，或者直接食用，可以生津止渴，对缓解鼻、唇干燥有一定的作用。

 **思考能力我最强**

尊老敬老是我们中华民族的传统美德。重阳节不仅有登高、赏菊、插茱萸等习俗，也是尊老、敬老、爱老、助老的节日，所以重阳节又被称为"敬老节"，是重阳节的新内涵。同学们，你们平时为自己的爷爷奶奶做过什么呢？

 **动手能力我最棒**

重阳节时正是秋高气爽之时，菊花盛开，赏菊品菊是重要的习俗之一。周末和爸爸妈妈一起陪亲爱的爷爷奶奶去户外散散心，活动一下，好好感受一下秋天的气息吧！

第四单元
汉字中的中医药

第十三课 龙骨 医

汉字是汉语的书面形式，是世界上最古老的文字之一，作为中华文明的重要标志，博大精深的汉字承载了中华民族的灿烂文化，具有深厚的内涵和独特的魅力。同学们，你们知道它最初的样子吗？对，它就是3000多年前的甲骨文，甲骨文的发现和我们中医还有很深的渊源呢！另外，你们听说过龙牡壮骨颗粒吗？它主要用来治疗和预防小儿佝偻病、软骨病；对儿童多汗、夜惊、食欲不振、消化不良、发育迟缓也有治疗作用。这个药方里面有一味叫做"龙骨"的药，我们就从它说起吧！

1. 龙骨与甲骨文的奇遇

龙骨，是古代哺乳动物如象类、犀牛类、三趾马、牛类、鹿类等的骨骼化石，入药可以治疗烦躁、健忘、失眠、头晕和疮疡，久不收口。

安阳殷墟小屯的村民在耕种的时侯，经常能从泥土中刨出一些白色的骨片，牛骨、马骨、鹿骨、犬骨，并把它们砸碎当肥料用。

有个名叫李成的剃头匠，有一年夏天身上生了疥疮，又痛又痒，无意间他把一块刻有"画纹"的白骨片砸成粉末涂在身上，痛痒竟神奇地止住了。于是他把田地里散落的白骨片收集起来，送到城里的药店去卖。就这样，大批"龙骨"进入了京城的各大药店。

龙骨

清光绪二十五年（1899年）秋天的京城，当时的国子监祭酒大臣（相当于教育部部长）王懿荣得了疟疾，医生给他开了一张处方，药买来之后，王懿荣发现一味叫"龙骨"的药，上面刻有许多很奇特的画纹图案。"龙

骨"是从哪里来的？上面的图案符号是什么意思呢？

王懿荣经过仔细研究，大吃了一惊，激动地手舞足蹈，这竟然是我们中国最古老的文字（甲骨文）。一个隐藏在"龙骨"里的惊天秘密，就这样戏剧性地被揭开了。

2. 醫

汉字蕴含着许多中医药知识，不仅能增强同学们对中医药的理解，还可以加深对汉字的认识。

"医"字甲骨文中没此字，最早见于《先秦·礼记》中："医不三世，不服其药。"汉代许慎将"医"字收入《说文解字》中。"匚（fāng）"，指一种容器，本义是盛弓弩矢的筐篓，它的诞生与战争有关，古代人打仗经常会用到弓箭，受箭伤的士兵很多。取出所中的箭，然后放到一个筐篓里，这个容器便是"医（yī）"。为士兵取出箭的人，就是"医生"。"医（yī）"就据此而来。"矢"表示"砭石"，是刺激身体某些部位以消除病痛的锐利石块。"酉"字在甲骨文中像一个酒器之形，表示"酒"，有消毒、活血通络的作用，古代医生在治病的时候常常会用到酒。"殳"表示"针灸"，有疏通经络，缓急止痛的治疗作用。综上所述，"医"字中，反映了当时在治病手段上，采用多种方法，如针石、按摩、汤液等，医、矢、酉三字有机结合而成医，可谓是独具匠心，妙趣天成。

 **生活中的中医小妙招**

同学们，生活中有没有遇到过突然生病的人呢？尤其是在乘坐飞机、高铁等交通工具时，就医不方便，这时就可以用一些中医的急救穴位来缓解。比如遇到因饮食不当而导致的肚子疼痛难忍的病人，可以用手指持续按压手背面第一、第二掌骨之间的合谷穴，以缓解疼痛。

中医药文化与健康

第四单元 汉字中的中医药

 **思考能力我最强**

中医有很多种预防和治疗疾病的方法，除了同学们最熟悉的药物治疗，还有针灸推拿、拔罐、药浴、食疗等方法，你知道哪几种呢？在生病的时候你用过哪些中医的治疗方法？

 **动手能力我最棒**

同学们，爸爸妈妈每天不仅要上班而且还要照顾你们的生活起居，非常辛苦。我们了解了那么多中医的治疗方法，你想过用它们来帮助爸爸妈妈缓解一下疲劳吗？今天等他们下班回到家，让他们坐下来，端一杯热水，再帮他们好好捶捶背吧！

第十四课　疾　病

小朋友是爸爸妈妈最关爱的人，所有爸爸妈妈都希望小朋友能健康平安地长大。但是有时候因为各种原因，人总会生病。而爸爸妈妈可能最担心害怕的也就是小朋友生病了。同学们，你知道"疾""病"两个字是怎么来的吗？"疾"和"病"的意思一样吗？它与我们今天的"病"字的意思又有什么区别和联系呢？

1. 疾

"疾"字早在甲骨文中就有，这个字一共由两部分组成，就像一个站立的人，而且这个人的手臂下方还有一支箭，是指这个人中箭受伤了，属于外伤，后来泛指一切疾病。得了疾很痛苦，

所以疾又引申为痛苦、疾苦；又因为中箭是非常快速的疾患，又有快速的意思，如疾风、疾步、疾言厉色等。

2. 病

"病"字的甲骨文构型是左右结构，左边是一张床，右边是一个人躺在床上出汗的样子。意思是人病得很重，以至于痛得大汗淋漓，必须卧床休息。上古时代，"病"表示人卧床不起，其本义是指需要卧床休息的重病，属于内科病。"疾"表示由刀箭引起的外伤，属于外科病。"疾"指小病，"病"指大病。正如《说文解字》说："病，疾加也。"现在"疾"与"病"已经通用，凡是身体出现的不健康情况都统称为"疾病"。由于人的缺点和疾病一样都会对自身带来伤害，所以"病"还用来指缺点、错误，如弊病、病句等。

 **生活中的中医小妙招**

生病之后，要及时去医院看病治疗，只有使用药物积极治疗才可以很快恢复健康。除用药物治疗帮助恢复之外，好好卧床休息，并尽量食用一些较为清淡的食品对于疾病的恢复也

非常重要，所以生病的时候一定要注意不要做剧烈运动。另外，一些辛辣、肉食、冰淇淋等不好消化的食物也不能贪吃哦！

 思考能力我最强

疾病的发生除了和自然界存在的细菌、病毒等致病微生物有关，还和人体的体质因素有很大关系。中医认为："正气存内，邪不可干"，意思是说自身正气（免疫力）充足，抵抗病邪的能力强，疾病就不容易发生。同学们正处于生长发育的关键时期，在完成学习任务的同时，一定要注意多锻炼身体，增强体质。平时你最喜欢的体育运动是什么？和大家分享一下吧！

 **动手能力我最棒**

一个汉字往往有许多含义，如"病"字除了指疾病，还有缺点、错误，以及不满和责备等含义，下面的几个包含"病"的词语中，它们的意思是什么呢？动手连一连吧！

病例　　　　　错误

语病　　　　　不满

诟病　　　　　疾病

中医药文化与健康

第四单元　汉字中的中医药

第十五课　蛊　浴

虫也可以致病。你是不是头一次听说呀，很惊奇吗？但这是千真万确的。虫子寄生在人的身体内，掠夺营养物质，可引起人体消瘦、贫血。它还会分泌一些有毒物质，引起皮肤过敏或其他中毒性症状。

同学们平常都特别喜欢洗澡沐浴吧，你知道吗，洗浴也可以治病，这种疗法在中国起源很早。《礼记》说："头有创则沐，身有疡则浴。"在周朝，人们已经懂得沐浴清洁对保健和治病都有好处。

1. 蛊

"蛊"在甲骨文中属于象形字，意为在器皿中的虫子，古人将齿病、腹中的某些疾病都认为是蛊虫引起的。所以《说文解字》解释为："蛊，腹中虫也。"古人的观念中，患病包括各种寄生虫病。从

"蛊"字的构型来看,古人已经认识到"虫从口入"的道理,对寄生虫进入人体引起疾病已经有了明确的概念。这是将虫与人体相联系的最早记载,体现了中医对疾病病因的较早认识,是中医病因学的萌芽。

2. 浴

从甲骨文字形来看,"浴"属于上下结构,下半部分是一个盛水的"大器皿",上半部分像一个人站在盛水的器皿里,而且曲背弯腰面朝左,人的周围有四个水点,表示人在洗澡,水滴四溅。整个字像一个人站在盆中用清水清洗身体的样子,表示将身体浸入盆中洗澡,即我们今天的盆浴。古代洗澡为"浴",洗头为"沐",洗手为"盥",洗足为"洗",后来"沐浴"合用,表示现在洗澡的意思,如"浴室、浴巾、浴池"等都是与洗澡有关的物品。由于洗澡时身体浸泡在水中,所以"浴"也比喻浑身浸染的意思,成语"浴血奋战"中的"浴"就是这个意思。

生活中的中医小妙招

同学们，你们泡过温泉吗？温泉含有促进皮肤血液循环和加速人体新陈代谢的矿物质，温泉浴可以放松肌肉和关节，达到消除疲劳的作用。夏天吹空调受凉后很多人会出现头颈痛，怕冷，甚至发热等症状，这个时候可以泡个热水澡，以有效缓解受凉引起的不适症状。

思考能力我最强

病毒、细菌、遗传、不良习惯可以引起疾病。中医认为疾病的产生还和其他很多因素有关，你能列举一到两个病因吗？

 动手能力我最棒

猜谜语是一种很有趣的益智游戏,集知识性和趣味性于一体,而且谜面简洁形象。近期学校举办了"猜字谜,认汉字"的活动,下面就让同学们一起来猜字谜吧!

寡人有疾(打一汉字)。

中医除疾一靠气(打一汉字)。

第十六课　齿　龋

同学们，你们有蛀牙吗？蛀牙又称为龋齿，是牙科的一种常见疾病，引起蛀牙的原因有很多种，有细菌因素，主要由牙齿上的牙菌斑含有的细菌引起；还有食物因素，如糖类等会帮助细菌破坏牙齿，从而形成龋齿；另外还有牙齿的形态等。在我国医药卫生史上，是从什么时候开始了解蛀牙并对其进行防治的呢？

1. 齿

"齿"字甲骨文的构型源自人的牙齿，就像人口中上、下两排牙齿的形状。"齿"的本义就是牙齿，但是在早期，"牙"和"齿"在意义上是有区别的，"牙"指的是现在的大牙，即臼齿，用于磨碎食物；"齿"指的是前面的门牙。成语"唇亡齿寒"中"齿"字就是门牙的意思。后来"牙齿"逐渐混用，成为一个统一的概念。"齿"字还引申为年齿，指年龄。像牛、马等牲畜在年幼

时每年都会生长一颗牙齿,用于计算牛、马的年龄,俗称"牙口"。

2. 龋

甲骨文中"龋"的字形,是个象形字,就像一个牙齿上布满了洞和虫子,还有虫蚀牙齿的碎屑。龋齿是牙齿不洁而引起的疾病,症状是牙齿被破坏而形成空洞,并伴有牙疼、齿龈肿胀等症状。至今,民间仍将龋齿称为"虫牙",由此可见,把龋齿当虫牙的观念从殷商时期就已经存在了,距今已经有3000多年的历史。比起埃及、希腊、印度等文明古国的类似记载要早了将近700-1000年,在世界医学史上具有较大的影响。

 **生活中的中医小妙招**

同学们,你想拥有一口健康漂亮的牙齿吗?我国自古以来就十分重视牙齿保健,因为牙齿不仅有咀嚼食物的功能,还可以帮助发音,同时对面部的外形还有影响,所以牙齿已经成为健美的标志之一。日常生活中,可以每天晨起

后坚持叩齿，先叩白齿，再叩门牙，再左右交错叩齿，也可以增加叩齿的次数，这对牙齿有很好的保健作用。

思考能力我最强

保持牙齿清洁是预防龋齿的主要方法，除饭后漱口外，每天坚持用正确的刷牙方法早晚刷牙也是必不可少的。刷牙不仅可以清洁口腔和牙齿，还可以按摩牙龈，促进血液循环，增加抵抗力。你觉得早上刷牙和晚上刷牙哪个更重要？为什么呀？

动手能力我最棒

每年的9月20日，是全国爱牙日。学校要举办一系列的牙齿保健和牙病防治知识的活动，请同学们动手为班级画一张预防龋齿的手抄报吧！